「運動できない」を
「できる!」に変える
キッズ
エクササイズ

たけのこ体育教室 代表
安部たけのり 著

秀和システム

はじめに

　私は、香川県でキッズスポーツトレーナーとして「たけのこ体育教室」という運動教室を運営しています。平日の夕方から毎日開催しているこの教室には、4歳から小学6年生までの子どもたちが参加してくれていて、これまで3,000名くらいの子どもたちに運動指導を行ってきました。

　この運動教室は、スポーツの大会などに出るためのものではなく、運動が苦手な子でも運動が得意になり自信を育んでほしいという私の想いからスタートしたものです。そのため、運動が苦手なお子さんを持つ保護者からの問い合わせも多く、実際に大勢参加してくれています。

　もちろん、初回はなかなか教室に馴染めない子もいます。でも、教室が始まりしばらくすると笑顔で走り回るようになり、帰る頃には「次の教室はいつ？」「もっとやりたかった」とお母さんと話しながら帰っていきます。そう、運動が苦手だった子がその日のうちに運動好きになるのです。

　本書は、実際の教室の中で運動が苦手な子どもたちを"運動好き"に変えたプログラムを厳選して紹介しています。どのプログラムも家の中でカンタンに取り組むことができ、子どもが夢中になるゲーム性が盛り込まれた内容になっています。

　私自身、子どもの頃はひどい虚弱体質で内向的な性格であったため、幼いながらに苦労した過去を持っています。しかし、スポーツをするようになってから体質も改善し、いろいろな成功体験を積んで何事にも自信を持って取り組むことができるようになりました。運動がきっかけで体が変わり、心も変わったと痛感しています。

　私と同じように、子どもたちが本書の運動プログラムにチャレンジすることで小さな成功体験をたくさん積み重ね、保護者の皆さんからたくさん認めてもらい、自信を育むきっかけを作ってほしい。そんな思いで本書を執筆しました。お子さんと一緒に楽しみながら取り組んでもらえると幸いです。

安部　たけのり

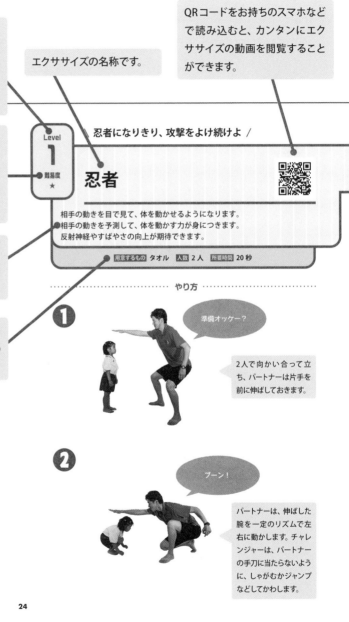

👟 本書の使い方

レベルは1から12まであります。レベルが低いプログラムは、4歳くらいからでもチャレンジできるように設定しています。

難易度は4段階です。
★……………カンタン
★★…………ふつう
★★★……むずかしい
★★★★…とてもむずかしい

このエクササイズを行うことで、向上が期待できる能力など、効果が書かれています。

「用意するもの」「行う人数」「1回行うのに必要な時間」がわかります。

エクササイズの名称です。

QRコードをお持ちのスマホなどで読み込むと、カンタンにエクササイズの動画を閲覧することができます。

Level
1
難易度
★

＼ 忍者になりきり、攻撃をよけ続けよ ／

忍者

● 相手の動きを目で見て、体を動かせるようになります。
● 相手の動きを予測して、体を動かす力が身につきます。
反射神経やすばやさの向上が期待できます。

● 用意するもの タオル ● 人数 2人 ● 所要時間 20秒

···········　やり方　···········

❶ 準備オッケー？

2人で向かい合って立ち、パートナーは片手を前に伸ばしておきます。

❷ ブーン！

パートナーは、伸ばした腕を一定のリズムで左右に動かします。チャレンジャーは、パートナーの手刀に当たらないように、しゃがむかジャンプなどしてかわします。

24

4

各エクササイズには合格基準が定められています。制限時間など条件をクリアすると、次のレベルに進むことができます。
この合格基準があることで、子どもたちはできないと悔しい思いをし、できると嬉しさを感じます。その結果、何度もチャレンジしたくなります。

これができれば**合格**だ！

せまり来る手刀を20秒間当たらずによけることができればクリア！

ナイスジャンプ！

保護者は目線を子どもに合わせるように、しゃがんで動作を行います。

パートナーにタオルを持ってやってもらうと、より難しくなりスリリングになります。

運動方法の補足

チャレンジャーはジャンプするかしゃがむことしかできません。パートナーはゆっくりと一定のリズムで腕を動かしてください。

ステップアップ

腕を動かすのではなく、タオルなどを振ってもらうと、チャレンジャーはよりスピーディに動く必要が生じ、難しさがアップします。

一通りクリアできたときにチャレンジするアレンジバージョンです。このアレンジの内容をヒントに子ども自身が工夫してオリジナルの内容を考えるよう声かけを行っていただくと、発想力や工夫する力につながります。

25

5

「運動できない」を「できる!」に変える キッズエクササイズ

Contents

第1章 運動嫌いな子が運動好きになる秘訣

第2章　すばやさ（敏捷性）をアップする

第3章　バランス（平衡性）をアップする

第4章　たくみさ (巧緻性) をアップする

第5章 やわらかさ（柔軟性）をアップする

第6章　かけっこ、ボール投げが得意になる

各エクササイズ動画の目次ページはこちら ➡

装丁　古屋 真樹（志岐デザイン事務所）
イラスト　わたなべ ふみ
撮影　澤 宜英
モデル　村上 愛斗、高畑 七彩、高畑 結彩、寺村 結愛、寺村 結心
企画協力　NPO法人 企画のたまご屋さん

●参考文献

・日本スポーツ協会「アクティブチャイルドプログラム」
　https://www.japan-sports.or.jp/portals/0/acp/index.html

・中村和彦『運動神経がよくなる本』マキノ出版（2011）

第1章

運動嫌いな子が
運動好きになる秘訣

運動を楽しむことが、苦手を得意にする第一歩

苦手な運動を得意に変えるには、まず運動を楽しいと感じることがポイントです。

苦手だからとますます運動しなくなる悪循環を断ち切ろう

「うちの子は運動が苦手で、体を動かそうとしないんです。運動が好きになるようにしてください」

筆者の体育教室にお子さんを連れて来られた親御さんからよく聞く言葉です。

運動が苦手な子はたくさんいます。そういう子はだいたい次のような悪循環にはまっています。

🥾 運動が苦手な子の悪循環

運動が苦手（できない）→運動が嫌い→運動しない→運動能力が落ちてますますできなくなる

一方、運動が得意な子は、次のようなサイクルで、ますます運動が得意になっていきます。

🥾 運動が得意な子の好循環

運動が得意（できる）→運動が好き→よく運動する→運動能力が高まりますますできるようになる

運動が苦手な子がこの悪循環を断ち切って、運動を好きになるにはどうしたらよいのでしょう。

いきなりかけっこや鉄棒の練習をしても、うまくはいきません。なぜなら運動能力が育っていないからです。

　答えは、**まずは運動を「楽しい」と思えるようになること**です。運動が楽しくなれば、運動が「好き」になります。そうすると、「運動が得意な子の好循環」と同様、自然に運動量が増え、運動能力がついてきます。

　本書で紹介するキッズエクササイズは、運動が苦手な子どもが運動を楽しいと感じて、好きになるためのお手伝いをします。

――――――― \\\ 運動が苦手な子と得意な子の違い /// ―――――――

●運動が苦手な子の悪循環

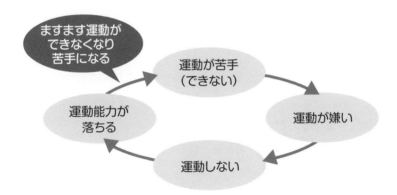

●運動が得意な子の好循環

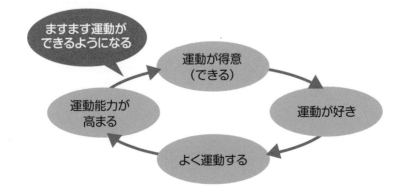

2 運動が好きになることで 起こる変化

運動を楽しいと感じ、好きになると、自発的に運動するようになります。運動の量が増えると基本的な動きが洗練化されてきます。

運動好きになることで運動の頻度や量が増える

前節では、運動が得意になるには運動好きになること、運動好きになるにはまず運動を楽しむことという話をしました。

ここでは、運動が好きになると起こる変化について、もう少し詳しく説明します。

運動好きになると、運動が多少苦手であっても友だちとかけっこをしたり、積極的に鬼ごっこなどに参加するようになります。**運動好きになることで、運動の頻度や量が増えていく**のです。

運動量や頻度が増えると、基本的な動き（走る、投げる、跳ぶなど）のぎこちなさや無駄が少なくなり（洗練化）、**カッコいい動き**になります。カッコいい動きになると、記録が伸びたり、先生から褒められるなど、本人が**上達を実感する**ようになります。こうして、**運動が得意になり、また好きになるという好循環が生まれていく**のです。

運動が得意な子は運動量が多い

右ページのグラフは、10歳男子（小学5年生）の1週間の運動量と50m走タイムの平均値の関係を表したものです。一番左が全体のタイムの平均値で、真ん中が体を動かしている時間が1週間に420分未満（1日60分未満）であった子どものタイムの平均値、そして一番右が体を動かしている時間が420分以上

（1日60分以上）であった子どものタイムの平均値です。

　グラフで示されているように、**1日1時間以上運動しているかどうかで体力・運動能力に明らかな差が出てくる**ことがわかります。やはり、運動会で一番になるような子は日頃から走り回っているということです。

＼＼ 運動が得意になるサイクル ／／

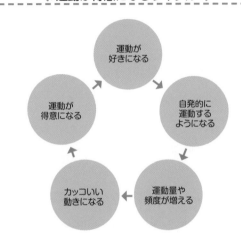

＼＼ 10歳男児の身体活動量と体力の関係（50m走）／／

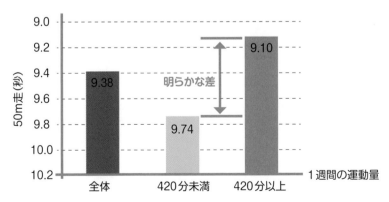

平成28年度全国体力・運動能力・運動習得度調査（2016）

1日で運動を好きにさせるコツ

子どものやる気を高めるには、チャレンジを応援してあげることです。さらに、保護者の皆さんも運動を楽しむことです。

子どものやる気を高める方法

運動好きになるということは、子どもが自らの意思で運動を行うようになるということです。そのためには、いわゆる"やる気"が必要です。運動において**やる気を高める方法**は3つあるとされています。

①**頑張ったらできそうだ、と自分の中で見通しが立つこと（統制感）**
②**保護者や友だちから認められること（受容感）**
③**運動そのものが上手にできること（身体的有能さの認知）**

この中で③は、運動自体ができるという自信が大きく関係しているため、運動が苦手な子にとってハードルが高く難しい方法です。

子ども自身が頑張ったらできそう（統制感）だと思えるためには、**チャレンジする運動自体の難易度が、その子に合っている必要があります。**そして、**チャレンジしてできたときにはしっかり褒めてあげる、できなかったときには励ましてあげる（受容感）**、この2つのやる気を高める方法を実践すると、子どもはその日のうちに運動好きになるのです。

保護者の皆さんが楽しむと、子どもは運動が好きになる

もう1つ、大事なことがあります。それは、**保護者の皆さんが率先して運動を楽しむ**ことです。

昔から子どもは、"親を映す鏡"だといいます。親が普段、ソファでゴロゴロしながらテレビを観ていると、子どももやはりソファでゴロゴロと過ごすようになります。逆に、親が運動を始めると、子どもも興味を持ち「自分もやりたい！」と言い出すものです。

子どもだけに運動をやらせるのではなく、親も一緒に楽しむ姿勢を見せることで、子どものモチベーションはぐんとアップします。

＼＼ 子どものやる気を高める方法 ／／

●保護者も一緒に楽しむ　　　　　●できたときにはしっかり褒める

▲保護者が子どもと一緒に運動を楽しむことで、子どものモチベーションがアップします。

▲チャレンジが成功したときにはしっかりと褒め、一緒に喜ぶと子どものやる気が高まります。できなかったときには励ましてあげましょう。

運動能力を構成する4つの力

本書で紹介するキッズエクササイズは、なぜ運動能力の向上に役立つのでしょうか。その理由を解説します。

運動が得意になるための4つの力

運動の基礎となる身体能力には、筋力や瞬発力など「**行動を起こす能力**」と持久力などの「**行動を持続する能力**」、そして運動の目的に合わせて身体の動きを調節する「**行動を調節する能力（調整力）**」の3つがあります。

3つめの「行動を調節する能力（調整力）」は、いわゆる運動神経と密接に関わっています。この能力が高ければ、たとえば運動中の様々な動きもスムーズにできます。

キッズエクササイズは、この「行動を調節する能力（調整力）」の向上を目的にして開発しました。

「行動を調節する能力（調整力）」は、さらに「**敏捷性（すばやさ）**」「**平衡性（バランス）**」「**巧緻性（たくみさ）**」「**柔軟性（やわらかさ）**」の4つに分類されます。キッズエクササイズは、この**4つの力を遊びの中で伸ばせる**ように考案されています。だから、運動能力の向上に役立つのです。

12歳までに伸ばしておきたい調整力

子どもは1歳で歩き始め、2歳で走るようになり、5歳までにほぼ大人と同じ動きができるようになるとされています。大人と同じ動きとは「立つ、走る、跳ぶ、蹴る、投げる、回る、登る、ぶら下がる」など人間の行う基本動作のことです。

ただ、できることはできても動きがぎこちなかったり、「走って蹴る」など動きを組み合わせるのはまだまだ拙いです。

　子どもの運動能力が最も発達するとされるのは、**ゴールデンエイジと呼ばれる10〜12歳頃**です。その手前の小学校4年生頃までに、いろんな外遊びや運動をたくさん経験しておくと、ゴールデンエイジで大きく成長することができるといわれています。

＼＼ 運動が得意になるための４つの力 ／／

◉敏捷性（すばやさ）

▲正確にすばやく動く力のことです。走ることだけを指すのではなく、しゃがむ、立つ、回る、よけるなどの身のこなしのスピードをいいます。

◉平衡性（バランス）

▲体の姿勢を保つために必要な力のことです。体幹の筋力や足の裏の使い方、体の重心などとも関係しています。

◉巧緻性（たくみさ）

▲体を上手に操る力、自分の体の使い方が試される領域です。手先や指先を器用に動かしたり、ボール、バットなど用具を使用した運動はこの巧緻性と深く関連しています。

◉柔軟性（やわらかさ）

▲体のやわらかさを指します。体がやわらかいとケガをしにくいだけでなく、体の動く範囲（可動域）が広くなり、動きがスムーズになったり、より大きな力（走力やジャンプ力）を出すことができます。

5 本書の特徴と子どもを 夢中にするテクニック

プログラムの効果を最大限に高めるために保護者の方に知っておいていた だきたいこと、実践していただきたいことをまとめています。

キッズエクササイズの特徴

👟 ①小さなステップを少しずつクリア

本書の運動プログラム「キッズエクササイズ」にはレベルと難易度が設定されており、序盤にあるレベルの低いプログラムは、保護者の皆さんの考えひとつで難易度を大きく変更することが可能です。**まずはできることをしっかり見て、褒めてあげてください。**

👟 ②「できた」「できない」はハッキリと

すべての運動プログラムには、回数や時間などに条件があります。合否をあいまいにせず、**できたときはしっかり褒め、できなかったときは励ましたり、どうすればできるようになるか一緒に考えてあげましょう。**このプロセスが子どもたちの「見てほしい」「認めてほしい」といった気持ちを満たし、自信を育むことにつながります。

👟 ③QRコードでやり方動画に簡単アクセス

2章から6章までの具体的な運動プログラムを紹介するページには、1プログラムにつき1つの**QRコード**を記載しています。お持ちのスマホでQRコードを読み込むと、カンタンに**動画視聴（YouTube）**でき、どのようにチャレンジするか一目瞭然です。ぜひご活用ください。

子どもを夢中にするテクニック

👟 大人も運動を楽しもう

「お母さんもやってみようかな〜」「お父さんは余裕だぞ〜」などと言いながら、**保護者の方も一緒にやってみてください**。そのとき、子どもに制限時間などを数えてもらうといいでしょう。「あともうちょい！」「お父さん急いで！」など自然と会話や笑顔が生まれてきます。そして、できたときには「よっしゃ〜」、できなかったときには「くやし〜！」などと、少しおおげさに感情を出すようにしてみてください。親御さん自身が楽しんでいれば、子どもも間違いなく運動に夢中になるでしょう。

👟 効果音を入れて盛り上げよう

例えば、タオルのボールをシュートしてうまく入ったときには「ピロリン！」、制限時間に間に合いクリアできたときには「ビロビロビロリ〜ン！」、逆にシュートが外れたり、クリアできなかったときには、「ブブー」「ザ・ン・ネ・ン」などの**効果音**を出してあげてみてください。効果音により合否をハッキリさせることで、子どものやる気に火をつけることができます。

👟 ハイタッチで成功をたたえよう

クリアができたときには「イエ〜イ」などと言いながら、子どもと**ハイタッチ**するようにしましょう。子どもたちはお父さん・お母さんから認められたと受容感を満たすことができ、さらにやる気になって「早く次のゲームやりたい！」と言い出すに違いありません。

キッズエクササイズの効果があらわれるのはいつから？

　皆さんはずっと続けていることが何かありますか？　英会話やダイエット、お肌の手入れなど、何事においても効果が出るまでには一定時間がかかるため、継続して取り組む必要があります。運動においても同じです。また、効果が体感できるようになるまでの時間は個人差が大きいため、一概にこうと言うことはできません。運動量や筋肉量、食生活や運動習慣など様々な要因が複雑に関係しているからです。

　ただ、私がダイエットなど大人に運動指導を行うときには、まず3か月続けましょう、とお話ししています。体重の減少といった数値目標を立てた場合、私の経験則では3か月ちゃんと取り組めば確実に効果があらわれます。逆に3か月経っても変わっていない場合は、運動量や運動方法、カロリー摂取量などに何か問題があります。

　子どもも同様です。個人差はありますが、3か月教室に通ってもらえれば、50m走のタイムが短縮したり、なわとびでできなかった技ができるようになったりと、目に見える効果を得られることが多いです。

　逆に言えば、記録や技の上達度など客観的評価ができる効果を得るには、少なくとも3か月程度の時間が必要というわけです。

　しかし、早ければその日のうちに得られる効果もあります。

　体育教室に来てくれているお子さんの保護者の方から、よく次のような言葉をいただきます。

　「体験に行ったその日から、子どもが『かけっこ勝負しよう』『次の教室はいつ？』と毎日言ってくるようになった」

　「まだ参加は4回目（1か月）だけど、学校の先生から『積極的に外遊びに参加するようになった』『運動しているときに笑顔が見られるようになった』と言われた」

　それまで運動が苦手であまり好きでなかった子でも、たった数回、キッズエクササイズを体験しただけで、「運動が好き」「楽しい」という気持ちになってくれています。

　どうしても記録やテクニックの習得、上達といったことにフォーカスしがちですが、効果はあくまで"続けた結果"となってあらわれているに過ぎません。やはり、子どもが運動好きになることが一番大切なのです。

第2章

すばやさ（敏捷性）を
アップする

Level
1
難易度
★

忍者

相手の動きを目で見て、体を動かせるようになります。
相手の動きを予測して、体を動かす力が身につきます。
反射神経やすばやさの向上が期待できます。

用意するもの **タオル** 人数 **2人** 所要時間 **20秒**

.... **やり方** ....

①

準備オッケー？

2人で向かい合って立
ち、パートナーは片手を
前に伸ばしておきます。

②

ブーン！

パートナーは、伸ばした
腕を一定のリズムで左
右に動かします。チャレ
ンジャーは、パートナー
の手刀に当たらないよう
に、しゃがむかジャンプ
などしてかわします。

これができれば**合格**だ**！**

せまり来る手刀を20秒間当たらずによけることができればクリア！

3

ナイスジャンプ！

> 保護者は目線を子ども
> に合わせるように、しゃ
> がんで動作を行います。

4

> パートナーにタオルを
> 持ってやってもらうと、
> より難しくなりスリリン
> グになります。

運動方法の補足

チャレンジャーはジャンプする
かしゃがむことしかできませ
ん。パートナーはゆっくりと一
定のリズムで腕を動かしてくだ
さい。

ステップアップ

腕を動かすのではなく、タオル
などを振ってもらうと、チャレ
ンジャーはよりスピーディに動
く必要が生じ、難しさがアップ
します。

Level 2
難易度 ★

\ 相手の動きを予測し一瞬の隙をつけ！ /

足ふみすもう

バスケットボールやサッカーなど、様々なスポーツで必要となる敏捷性や状況判断能力を養うことにつながります。

| 用意するもの | なし | 人数 | 2人 | 所要時間 | 20秒 |

.... やり方 ....

1

位置について、よ～い

まず2人で手をつないで立っておきます。

2

スタート！

相手の足を踏みに行き、うまく踏むことができれば勝ちです。

片方の足ばかりを使って踏もうとしていると、逆に軸足を狙われてしまいます。

手をつながずに行うステップアップバージョンにもチャレンジしてみてください。

2

すばやさ（敏捷性）をアップする

運動方法の補足

前のめりになりすぎるとケガをする恐れがあります。常に一定の間隔を保ちながら、あくまで足を動かすようにしましょう。

ステップアップ

手をつながずに行ってみましょう。2〜4m四方の範囲をテープなどを貼って囲んでおき、その中で行うようにしてください。

\ 運も実力のうち？　ジャンケンポン！ /

カラダじゃんけん

反射神経がよくなり、すばやく動けるようになります。
連続で行うと短時間で息が上がる全身運動であるため、体力アップが見込めます。

| 用意するもの | なし | 人数 | 2人以上 | 所要時間 | 20秒 |

･･････････････････････････ やり方 ･･････････････････････････

①

「最初はグー」のお決まりの合図でしゃがみこみ、体でグーをつくります。

②

パー！　パー！

「じゃんけん、ポン」の合図で一斉に体でグー、チョキ、パーを表現し勝敗を決めます。

これができれば合格だ！

20秒間で3回パートナーに勝つことができればクリア！

チョキ！

チョキ！

③

あいこや負けでも一喜一憂せず、テンポよくどんどん勝負していきましょう。

④

ステップアップとして、ジャンプして行う空中バージョンにもチャレンジしてみましょう。

🥾 運動方法の補足 🥾

グーはなるべく小さく、パーはなるべく大きくといったようにダイナミックに体を動かしましょう。

ステップアップ

ジャンプして空中でじゃんけんしてみましょう。

\ 止まる、動く、の連続技！　動きに緩急を /

スーパーポーズゲーム

音を聞いてすばやく体を動かす反応スピードを高める訓練となるため、様々なスポーツや運動に役立ちます。

| 用意するもの なし | 人数 2人以上 | 所要時間 20秒 |

・・・・・・・・・・・・・・・・・・・・・・ やり方 ・・・・・・・・・・・・・・・・・・・・・・

❶

クマ！

> まず4つのポーズを覚えましょう。クマ：両手両足をつき四つん這いとなり前を見ます。

❷

フラミンゴ！

> フラミンゴ：片足で立って反対の足を曲げておき、両手で頭上にハートを作ります。

パートナーは好きなポーズを3秒に1つ言っていきます。チャレンジャーはそのポーズを体で表し、20秒で6つポーズができればクリア！

お父さん：横になり、地面に近い腕の肘を曲げて頭を支えます。

お父さん！

飛行機：片足で立ち反対の足を後ろに伸ばして、両手を広げます。

ひこうき！

2

すばやさ（敏捷性）をアップする

運動方法の補足

早くしようとすると、1つひとつのポーズが雑になりがちですが、手先足先まで正確に表現し、1秒でいいので静止しましょう。

ステップアップ

この4つのポーズ以外のオリジナルポーズを考えて加えた上でチャレンジしてみましょう。

\ 20秒の戦い！　走って、倒して、倒されて /

ペットボトル倒しゲーム

すばやい身のこなしはもちろん、状況を把握する広い視野や、時間内ずっと動き続ける基礎体力の向上が見込めます。

| 用意するもの | ペットボトル（少量の水を入れておく） | 人数 | 2〜6人程度 | 所要時間 | 20秒 |

······· やり方 ·······

1

「立てるぞ！」

「倒すぞ！」

ペットボトルを立てた状態で広げて置き、倒すチームと立てるチームに分かれます。

2

「手で倒すのがルール」

スタートしたら、倒すチームは立っているペットボトルを倒していきます。

これができれば**合格**だ！

相手チームに勝つことができればクリア！

③

> 立てるチームは倒れているペットボトルを立て直していきます。

④

> やったー！勝利！

> 負けた…

> 20秒でゲーム終了。ペットボトルの立っている数と倒れている数を比べて多いほうが勝ち。

2

すばやさ（敏捷性）をアップする

運動方法の補足

倒す役の人は、ペットボトルを強くはじいたり蹴ったりせず、必ず手で軽くポンと触れて倒すようにしましょう。

ステップアップ

ペットボトル以外のものでチャレンジしてみましょう（トランプの表と裏で勝負したり、上履きで代用するなど）。

Level
6
難易度
★★

\ ボクサーのパンチのように鋭く動け！ /

伝説のボクサー

すばやい身のこなしはもちろん、目の前の動くものを追い続ける動体視力が鍛えられます。

用意するもの ティッシュ 5 枚 　 人数 2 人 　 所要時間 10 秒程度

・・・・・・・・・・・・・・・・・・・ やり方 ・・・・・・・・・・・・・・・・・・・

1

準備オッケー？

2人で向かい合って立ちます。パートナーはティッシュをすぐに投げられるように丸めて準備しておきます。

2

スタート！

パートナーは丸めたティッシュを1つずつパッ、パッ、パッとテンポよく頭上に投げ上げます。

これができれば**合格**だ！

5枚すべてのティッシュを、地面に落とさずにキャッチすることができればクリア！

③

キャッチ！

チャレンジャーは投げ上げられたティッシュを片手ですばやくキャッチしていきます。

④

同じ方向だけでなく、いろんな方向に投げ上げてもらうバージョンにもチャレンジしましょう。

運動方法の補足

ティッシュを軽く丸めておくと、投げやすくなるだけでなく、落下スピードが上がるため、より効果が見込めます。

ステップアップ

同じ方向だけでなく、いろんな方向に投げ上げてもらい、チャレンジしてみましょう。

\ ジャンプができればスポーツはできる！/

ジャンピングチャレンジI

テンポよくできるようになると、かけっこのときの、ドタドタ走りやベタベタ走りの改善につながります。

用意するもの 30cm程度のテープ1本(身近なもので代用可)　人数 1〜2人　所要時間 20秒

.... やり方 ....

❶

床や地面にテープでラインを引き(ひもなどを置いてもよい)、その横に立ちます。

❷

「スタート」の合図で、ラインを飛び越えるようにジャンプをします。

線を飛び越えて元の位置に戻ってくると1点獲得です。20秒間で18点以上獲得できればクリア！

着地後、すぐにジャンプして元の位置に戻ります。これを制限時間内で繰り返します。

ステップアップとして、片足でチャレンジしてみましょう。

運動方法の補足

ただ速くやろうとするのでなく、体を1本の棒のようにして正確に飛び越えるように意識しましょう。

ステップアップ

ラインの代わりに、踏んでもケガしない5cm程度の高さのあるものを飛び越えたり、片足でチャレンジしてみましょう。

Level
8
難易度
★★

\ 制限時間以内にボールを運びこめ！ /

サバイバルⅠ

体力テストの反復横跳びの記録がアップします。基礎体力もアップします。

用意するもの **タオル2枚、アイテム5個** 人数 **1〜3人** 所要時間 **20秒(×人数)**

・・・・・・・・・・・・・・・・・・・・・ やり方 ・・・・・・・・・・・・・・・・・・・・・

❶

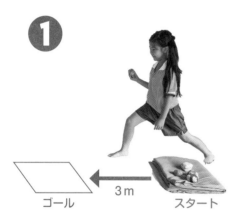

ゴール　← 3m　スタート

> スタート地点にタオル1枚(その上にボールなどのアイテムを5個)、3m離してゴールにタオル1枚を置きます。

❷

> スタートの合図でアイテムを1つ拾い、サイドステップでゴールに向かいます。ゴールに着いたら、アイテムを置きます。

これができれば **合格**だ！

20秒間で5個のアイテムをゴールに運ぶことができればクリア！

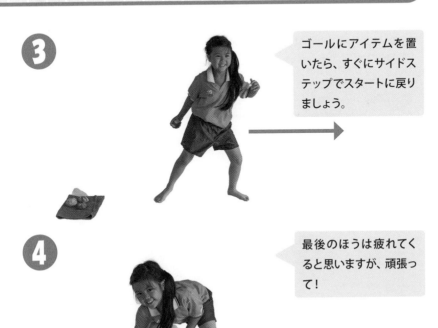

③

> ゴールにアイテムを置いたら、すぐにサイドステップでスタートに戻りましょう。

④

> 最後のほうは疲れてくると思いますが、頑張って！

運動方法の補足

足がクロスしてしまう場合は、足の内側同士をくっつけて離す、くっつけて離すというように意識してみましょう。

ステップアップ

スタートからゴールの間の距離を3m以上に広げてチャレンジしてみましょう。

2

すばやさ（敏捷性）をアップする

Level
9
難易度
★★★

\ **自由自在にジャンプ！　ジャンプ！** /

ジャンピングチャレンジⅡ

すばやい身のこなしはもちろん、滞空時の姿勢を維持するための体幹筋力も養うことができるため、様々な運動のパフォーマンスアップに役立ちます。

用意するもの 30cm 程度のテープ 4 本（身近なもので代用可）　人数 1 〜 2 人　所要時間 20 秒

・・・・・・・・・・・・・・・・・・・・・・ やり方 ・・・・・・・・・・・・・・・・・・・・・・

1

正方形となるようにテープを貼り、真ん中に立ちます。

2

「スタート」の合図後、前、真ん中、右、真ん中、後ろ、真ん中、左、真ん中といった順番で4方向にジャンプしていきます。

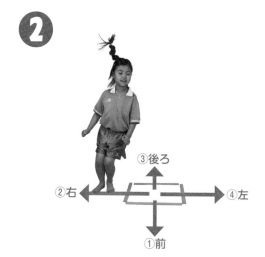

③後ろ

②右　　　　④左

①前

これができれば**合格**だ！

20秒間で18点以上獲得できればクリア！

真ん中に戻ってきたとき
に1点獲得です。

ステップアップとして、
片足で同じようにでき
るかチャレンジしてみま
しょう。

2

すばやさ（敏捷性）をアップする

運動方法の補足

夢中でやっているうちに順番が
わからなくなることがあるの
で、「前！」「右！」「後ろ！」と声
に出しながらやってみましょ
う。

ステップアップ

テープの線を、踏んでもケガし
ない5cm程度の高さのあるも
のに代えたり、片足でチャレン
ジしたりしましょう。

Level
10
難易度
★★★

\ L字カーブに気をつけろ！/

サバイバルⅡ

L字や鋭角なカーブがあるので、ストップ＆ダッシュ動作が必要となるバスケットボールやサッカーなどの動きづくりを行うことができます。

用意するもの タオル2枚、アイテム4個、ペットボトル1本（身近なもので代用可）
人数 1〜3人 所要時間 20秒（×人数）

.... やり方 ....

1

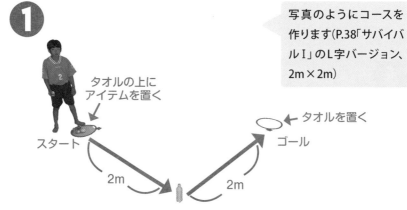

タオルの上に
アイテムを置く

スタート

2m

タオルを置く ←

ゴール

2m

写真のようにコースを作ります(P.38「サバイバルⅠ」のL字バージョン、2m×2m)

2

「スタート」の合図で走ってL字カーブを曲がり、ゴールにアイテムを置きます。

20秒間で4個のアイテムをゴールに運ぶことができればクリア！

ゴールにアイテムを置いたら、すぐにスタートに戻りましょう。

ステップアップとして、パートナーにゴールで洗濯カゴを持っていてもらい、シュートしましょう。

2

すばやさ（敏捷性）をアップする

運動方法の補足

何度やっても制限時間に間に合わない場合は、どこで時間をロスしているかパートナーと考えてみましょう。

ステップアップ

L字部分を3m×3mに広げたり、ゴールを地面でなくカゴにシュートするなどルールを変えてみましょう。

Level **11**
難易度
★★★★

\ 風船の落下スピードに負けるな！ /

一瞬のできごと

すばやく動けるようになることはもちろん、反射神経のトレーニングにもなります。

用意するもの 風船 1 個　人数 1〜2 人　所要時間 10 秒程度

・・・・・・・・・・・・・・・・・・・・・・・ やり方 ・・・・・・・・・・・・・・・・・・・・・・・

1

風船を頭上に投げ上げます。

2

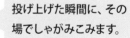

投げ上げた瞬間に、その場でしゃがみこみます。

これができれば**合格**だ！

風船が地面に落ちる前にキャッチすることができればクリア！

両足を後ろに伸ばしてうつ伏せになり、胸を地面につけます。

②胸を地面につける

①足を後ろに伸ばして

すばやく立ち上がり、風船が地面に落ちる前にキャッチできればチャレンジ成功です。

ナイスキャッチ！

👟 運動方法の補足 👟

風船を投げ上げた後は落ち着いてうつ伏せになり、立ち上がるまでの動作だけに集中しましょう。

ステップアップ

自分で投げ上げるのはなく、パートナーに風船を投げ上げてもらい、チャレンジしてみましょう。

Level

12

難易度
★★★★

バービーチャレンジ

すばやい身のこなしができるようになるだけでなく、全身の筋力や持久力も
向上します。

用意するもの **なし**　人数 **1〜2人**　所要時間 **20秒**

・・・・・・・・・・・・・・・・・・・・・・ やり方 ・・・・・・・・・・・・・・・・・・・・・・

①

まっすぐ正面を向いて
立っておきます

②

「スタート」の号令でそ
の場でしゃがみこみ、両
手を地面につきます。

写真の一連の動作で1回とし、20秒間で6回以上できればクリア！

両足をすばやく後ろに伸ばしてうつ伏せとなり、胸を地面につけます。

タッチ！

すばやく立ち上がり、その場でジャンプして頭上で拍手を1回します。
写真のように、パートナーに前に立っていてもらい、ジャンプしたときにハイタッチしてもよいでしょう。

2

すばやさ（敏捷性）をアップする

運動方法の補足

瞬発力や筋力が一定以上ないと合格できない難しいプログラムです。すぐにできなくてもあきらめず、毎日1回チャレンジしましょう。

ステップアップ

あらかじめパートナーに自分の頭上で手を伸ばしておいてもらい、ジャンプしたときにハイタッチするようにしてみましょう。

他人の記録や平均値と比較するのは危険

「この間体力測定があって、うちの子はすべての種目で全国平均より低かったので なんとかしたいと思い、体育教室の体験に連れて来ました」

こういった声を聞くことがあります。具体的な目標を持って取り組むことはいいこ とです。ただ、他人の記録と我が子の記録を比較するのはよくありません。それはな ぜなのか考えていきましょう。

小学生の陸上の全国大会に出場した子の生まれ月を調査したデータによると、半数 近く（40%程度）が4月から6月生まれでした。つまり、月齢の大きい子どもたちです。 成長の度合いには個人差がありますが、一般的には月齢の大きい子ほど、体も早く発 達します。体が大きいと大きな力を出すことができるため、かけっこが速かったり ボールを遠くへ飛ばすことができます。つまり、体が早く大きくなった子のほうがい い記録が出やすいのです。

発育のスピードはみんなバラバラで、小学生のうちにグンと身長が伸びる子もいれ ば、高校生で驚くほど伸びる子もいます。3か月前の自分自身の記録と比べてかけっ こが速くなった、同じだったと比較するのはいいのですが、他人や全国平均値と比べ て、まだまだだからもっと頑張れ、と子どもを叱咤するのは意味がない上に危険です。 子どもの自信を奪う行為になりかねません。

小学生までの間は、記録（量）でなく、カッコいい動きができているか（質）が大切 になります。カッコいい動きができていれば、中学生以降で高いパフォーマンスを発 揮することができるようになるからです。高校や大学、さらに国際大会など年齢が高 くなるにつれて生まれ月の影響はなくなっていきます。他のお子さんと比較したりせ ず、幼少期は運動好きになる、いろんな運動を経験するための運動機会を作ってあげ ることが大切です。

第3章

バランス（平衡性）を
アップする

\ レッグ（足）でじゃんけんポン！ /

足じゃんけん

体幹筋力がアップし、バランス力が向上します。

用意するもの なし ｜ 人数 2人 ｜ 所要時間 1分程度

・・・・・・・・・・・・・・・ やり方 ・・・・・・・・・・・・・・・

2人で向かい合って座り、お尻だけを地面につけた状態でバランスをとります。

最初はグー

「最初はグー」といったお決まりの言葉を言いながら、両足を胸に引き寄せます。

③

パー！

グー！

「じゃんけんポン！」足を縦に伸ばすとチョキ、横に広げるとパーです。

④

勝負が終わった後は、写真のようなポーズでお腹の筋肉を伸ばすようにしましょう

お腹をグーッと伸ばす

運動方法の補足

足じゃんけんをしている間は、お腹に力を入れて行いますが、息を止めないように気をつけましょう。

ステップアップ

同じ姿勢をとり、足裏を押し合うことでバランスを崩し合う「足すもう」にもチャレンジしてみてください。

Level **2** 難易度 ★

\ どこからでもかかってこい！ /

押しすもう

バランス力アップはもちろん、スキンシップがとれる楽しい運動です。
押されても踏ん張って倒れないようになることで、様々な対人スポーツに活かすことができます。

用意するもの なし　人数 **2人**　所要時間 **20秒**

・・・・・・・・・・・・・・・・・・・・・・ やり方 ・・・・・・・・・・・・・・・・・・・・・・

1

はっけよ〜い

2人で向かい合って立ち、押す側と押される側で準備します。

2

のこった！

これくらいじゃ倒れないもん！

スタートしたら、押す人は片手で相手の足を押すようにしましょう。

52

これができれば**合格**だ！

バランスを崩さず（両足が今ある位置から動かないよう）に20秒間耐えることができればクリア！

3

コチョコチョ
こうげき！

ひきょう者〜！

大人はコチョコチョとくすぐってきたり姑息な手を使うこともありますが、頑張って！

4

お父さんを
倒せるかな？

ステップアップとして、押す側と押される側を交代して行ってみましょう。

運動方法の補足

両膝をやわらかく曲げて重心を低く保つことができれば、合格に近づくことができます。

ステップアップ

押す側と押される側を交代して行ってみましょう。

＼ カンタンにひっくり返されるな！ ／

ネバーギブアップ

体幹筋力はもちろん、全身持久力アップにもつながります。
寒い時期に行うと体が一気にポカポカし、心と体があたたまります。

用意するもの **なし** 人数 **2人** 所要時間 **20秒**

・・・・・・・・・・・・・・・・・・・・・・・・・・・ やり方 ・・・・・・・・・・・・・・・・・・・・・・・・・・・

1

準備オッケー？

チャレンジャーはうつぶ
せとなり、パートナーは
片膝をついておきます。

2

スタート！

スタートしたら、パート
ナーはチャレンジャー
の胴体（手足以外）を下
からすくうように持ち、
ひっくり返しにかかり
ます。チャレンジャーは
ひっくり返されないよ
う、全身の筋肉に力を入
れて抵抗します。

これができれば**合格**だ！

20秒間ひっくり返されずに耐えることができればクリア！

③

やられた〜

20秒以内にひっくり返されてしまうと、チャレンジ失敗です。

④

おっ、今度は手強いな

ステップアップとして、両手両足を大きく広げて行うバージョンにもチャレンジしてみましょう。

運動方法の補足

チャレンジャーは、体を1本の棒のようにして耐えるようにします。ひっくり返す人は、腰痛がある場合やめておきましょう。

ステップアップ

両手両足をクモのように広げて行うバージョンにもチャレンジしてみましょう。

3

バランス（平衡性）をアップする

Level
4
難易度
★★

\ 何が出るかな？　何が出るかな？ /

シャッフルバランス I

片足立ちが安定すると、かけっこのときにぐらつかず、まっすぐ走れるようになる効果が見込めます。

| 用意するもの | カード（ひこうき、スター、フラミンゴ、ダッシュマン） |
| 人数 何人でも可 | 所要時間 1分程度 |

·········· やり方 ··········

①

ひこうき！

パートナーに4枚のカードの中から1枚を選んでもらい、出たポーズを真似して10秒止まります（例：ひこうき）。

②

スター！

地面に着いている足が動いたり、上げている足が地面に着くとチャレンジ失敗（例：スター）。

これができれば合格だ！

シャッフルバランスを5回（1回10秒）行い、1回も失敗せず（足をつかず）にできたらクリア！

3

フラミンゴ！

お腹（おへその下あたり）に力を入れると、安定するのでやってみてください（例：フラミンゴ）。

4

ダッシュマン！

1ポーズにつき10秒間制止するようにし、指先まで伸ばしてカッコよく止まりましょう（例：ダッシュマン）。

 運動方法の補足

1ポーズにつき10秒間制止するようにし、足先、指先まできれいに伸ばしてカッコよく止まりましょう。

ステップアップ

動物の図鑑などを参考に、片足でバランスをとるオリジナルポーズを考えてチャレンジしてみましょう。

カードの作り方

1枚の紙を4つ折にして折れ線に沿って切り、4枚のカードにします。カード1枚につき1つのポーズ（写真を参考に）の名前を文字やイラストで描いて、4枚1セットのカードを作ります。Level8 シャッフルバランスⅡ、Level12 バランスマスターでも同様に作ります。

3

バランス（平衡性）をアップする

Level 5
難易度 ★★

\ 駆け引きを楽しもう！ /

片足手押しすもう

バランス力がアップするだけでなく、相手との駆け引きが勝敗の鍵を握っているため、頭を使って体を動かす練習になります。

| 用意するもの | なし | 人数 | 2人 | 所要時間 | 1分程度 |

・・・・・・・・・・・・・・・・・・・・・・・・・・・・ やり方 ・・・・・・・・・・・・・・・・・・・・・・・・・・・・

1

位置について、よ〜い

2人で向かい合って立ち、同じくらいの高さに手を構え、片足を上げておきます。

2

スタート！

「スタート！」で、手のひらを押し合います。倒れたり軸足が動いたほうが負けです。

これができれば**合格**だ！

バランスを崩さずパートナーに勝つことができればクリア！

3

よっしゃ！

しまった！

相手が押してきたとき
にサッとよけることで、
チャンスになることもあ
ります。

4

ステップアップとして、
足の甲にボールなどを
置いて対決してみましょ
う。

運動方法の補足

背筋を伸ばし、お腹に力を入れ
て行うと、うまくバランスをと
ることができます。

ステップアップ

足の甲にボールを置いて、足か
ら落とさずにバランスを保ち続
けたほうが勝ちというバージョ
ンにもチャレンジしてみましょ
う。

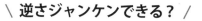

Level
6
難易度
★★

\ 逆さジャンケンできる？ /

ぬりかべ

体幹や肩などのインナーマッスルが鍛えられるため、安定して動けるようになり、様々な運動パフォーマンスがアップします。

用意するもの なし 人数 2人 所要時間 10秒

································· やり方 ·································

1

後ろに壁がある状態で四つん這いになります。

2

壁に足を押し当て、両手を少しずつ壁に近づけることで上に足を上げていきます。

60

これができれば**合格**だ！

逆さ状態で声に出してじゃんけんを行い、10秒以内に1回勝つことができればクリア！

③

じゃんけんグー！

じゃんけんチョキ！

声に出してパートナーと
じゃんけんをし、10秒
以内に1回勝つことがで
きれば合格です。

④

自分で壁に登ることが
難しい場合は、パート
ナーに足を持ち上げて
もらい、チャレンジして
みましょう。

運動方法の補足

10秒以上行うと気分が悪くな
るなどの場合があるので、じゃ
んけんに勝てなくても10秒で
一度休憩するようにしましょ
う。

ステップアップ

じゃんけんに勝ったらクリアで
なく、負けたらクリアというふ
うにルールを変えてチャレンジ
してみましょう。

3

バランス（平衡性）をアップする

61

\ かかしの戦い /

ケンケンすもう

脚力や体幹筋力がアップし、ぐにゃぐにゃが改善したり、体が安定するようになります。

用意するもの **目印（テープなど）** 人数 **2〜3人** 所要時間 **20秒**

・・・・・・・・・・・・・・・・・・・・・・・・ やり方 ・・・・・・・・・・・・・・・・・・・・・・・・・・

①

チャレンジャーは3m離れ、片足立ちで両手をクロスしたポーズをとります。

②

「スタート！」で真ん中の目印にケンケンで近づいて行き、体同士で押し合います。

これができれば**合格**だ！

バランスを崩さず、20秒経ったときにパートナーより目印の近くにとどまる
ことができていればクリア！

 ③

20秒経ったときに、目
印により近い人が勝ち
となります。

④

上げている足を地面に
つくなど、20秒以内に
バランスを崩すとその時
点で負けです。

運動方法の補足

胸の前でクロスしている両手を
動かしてはいけません。あくま
で体同士で押し合うようにしま
しょう。

ステップアップ

反対側の足でもチャレンジして
みましょう。

\ シャッフルバランスⅠがパワーアップ！ /

Level
8
難易度
★★★

シャッフルバランスⅡ

アスリートも実施している体幹筋力がアップするポーズが含まれており、様々な運動パフォーマンスが向上します。

用意するもの **カード（三角ロケット、すべり台、腕立て、お尻バランス）**
人数 **何人でも可** 所要時間 **1分程度**

・・・・・・・・・・・・・・・・・・・ やり方 ・・・・・・・・・・・・・・・・・・・

三角ロケット！

> パートナーに4枚のカードの中から1枚を選んでもらい、出たポーズを真似して10秒止まります（例：三角ロケット）。

すべり台！

> 体が一直線になるようにお尻を上げておきましょう(例：すべり台)。

これができれば**合格**だ！

シャッフルバランスを5回（1回10秒）行い、1回も失敗せず姿勢をキープできたらクリア！

3

腕立て！

> 腕は肩幅程度に広げ、体を一直線にしお腹に力を入れておくようにします（例：腕立て）。

4

お尻バランス！

> 両手を左右に広げ、両足を揃えて地面から足を上げ、バランスをとります（例：お尻バランス）。

3

バランス（平衡性）をアップする

運動方法の補足

体幹の筋力が一定以上ないとカッコいい姿勢をキープすることが難しいでしょう。すぐにできなくても毎日行うことが大切です。

ステップアップ

カードに描いた以外にもできるポーズはないかパートナーと一緒に考え出し、それを加えてチャレンジしてみましょう。

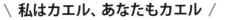

Level
9
難易度
★★★

カエルバランス

バランス力アップはもちろん、肩や腕、体幹部の筋力向上が見込めます。

用意するもの **なし** 人数 **1人** 所要時間 **7秒**

.... **やり方** ....

両足をおすもうさんのように しっかり開いておきます。

両手を地面につき、体を前に倒すことで肘を曲げ、その肘の上に膝の内側を乗せるようにします。

これができれば**合格**だ！

7秒間止まることができればクリア！

3

いち、にい、さん…

徐々に両手に体重を乗せていき、両足のつま先を床から離していきます。足が上がったら7秒数えてください。

4

どうしても❸ができない場合は、頭を床につけて3点で体を支えるやり方でやってみましょう。

運動方法の補足

前を向いたりせず、地面を見るようにしましょう。ケガをしないようクッションを顔の下に敷いて行うのもオススメです。

ステップアップ

保護者などパートナーに補助してもらいながら、3点倒立にチャレンジしてみましょう。

3

バランス（平衡性）をアップする

\ あ〜らよっと！ /

Level
10
難易度
★★★

ふんばりまい I

歩いているときに転びにくくなったり、転びそうになったときにとっさに上体を立て直せたりする効果が見込めます。

用意するもの **身近なアイテム 7 個** 人数 **2 人** 所要時間 **20 秒**

······· やり方 ·······

①

アイテムを7個地面に置いておき、その前で片足立ちをします。

②

「スタート！」で、準備したアイテムを1個拾います（パートナーはチャレンジャーの身長と同じ高さに両手を準備しておいてください）。
拾ったアイテムをパートナーに手渡します。

バランスを崩さずに（上げている足を地面につかずに）20秒間で7個のアイテムを拾うことができればクリア！

③

> バランスを崩さず、上げている足を地面につかないで、20秒間で7個のアイテムを拾うことができれば合格です。

④

> ステップアップとして、目の前でなく、手が届く範囲で左右にアイテムを置いてチャレンジしてみましょう。

運動方法の補足

アイテムを拾うときは、上げている足は真後ろにしっかり伸ばすようにしましょう。

※「ふんばりまい」は香川県の方言で「ふんばりなさい」という意味です。

ステップアップ

目の前だけでなく、手が届く範囲で左右にもアイテムを置いておき、チャレンジしてみましょう。

Level

11

難易度
★★★★

\ ふんばりまいⅠの進化バージョン /

ふんばりまいⅡ

ケンケンで移動を続けることで瞬発力が向上し、かけっこが速くなる効果が見込めます。

用意するもの **身近なアイテム 5 個** 人数 **2 人** 所要時間 **20 秒**

・・・・・・・・・・・・・・・・・・・・・・・・・ やり方 ・・・・・・・・・・・・・・・・・・・・・・・・・

①

位置について、
よ〜い

3〜4m四方にアイテムをバラバラに広げて置いておき、片足立ちで立っておきます。

②

「スタート!」で、ケンケンしながら移動してアイテムを拾い、パートナーに手渡ししていきます。

70

制限時間20秒以内に5個のアイテムをパートナーに渡すことができればクリア！

③

ケンケンしている足は、アイテムを手渡しするときに反対の足に代えて構いません。

④

ステップアップとして、高さのあるカゴにアイテムを入れるなど、ルールを工夫してみましょう。

👟 運動方法の補足 👟

アイテムを2個以上まとめて拾うことはできません。また、アイテムを踏んで転ばないよう気をつけましょう。

ステップアップ

高さのあるカゴにアイテムを入れるようにしたり、アイテムを置く場所を変えてチャレンジしてみましょう。

Level
12
難易度
★★★★

バランスマスター

体のバランスを維持したまま動き続けることができるようになることで、動きに安定感が出てきます。
動的バランス力の向上、姿勢制御能力の向上が望め、転びにくくなります。

用意するもの **Level4 シャッフルバランスⅠで使用したカード（ひこうき、スター、フラミンゴ、ダッシュマン）** 人数 **何人でも可** 所要時間 **1分程度**

·········· やり方 ··········

1

フラミンゴ！

> パートナーに4枚のカードの中から1枚を選んでもらい、チャレンジャーは出たポーズを真似して5秒止まります（例：フラミンゴ）。

2

ひこうき！

> ①を繰り返します。上げている足は地面につけずポーズチェンジしましょう（例：ひこうき）。

これができれば合格だ！

1ポーズ5秒×10回行い、1回も足をつかずに連続でできたらクリア！

③

ダッシュマン！

上げている足が地面につくと、チャレンジ失敗となります（例：ダッシュマン）。

④

お腹（おへその下あたり）に力を入れると、安定するのでやってみてください（例：スター）。

スター！

運動方法の補足

相当な動的バランス力が必要となるプログラムです。失敗してもあきらめず何度もチャレンジしましょう。

ステップアップ

畳の上や敷布団の上など別の場所でチャレンジしてみましょう。

3

バランス（平衡性）をアップする

73

体力・運動能力が低下したことで
ビックリするようなケガが多発!?

　今の子どもたちのかけっこやボール投げなど体力テストの記録は、昔と比べると大きく低下しています。小学生の体力テストの結果は、「近年下げ止まった」「若干改善が見られる」などとされてはいますが、1985年頃と比べるとすべての種目において依然としてとても低い状態です。

　これには、今と昔で子どもたちの遊びの内容が大きく変化したことが関係しています。昔は、缶けりやまりつきなどいろんな外遊びを行っていましたが、現代の子どもたちは絵本やテレビ、スマホやゲームなどで遊ぶ機会が多くなっています。これには、①遊ぶ場所（空間）がない、②遊ぶ仲間がいない、③遊ぶ時間がない、という「サンマ（3つの間）」の減少が関係しているとされています。

　体力・運動能力が低下したことで様々な問題が表面化してきています。子どもたちのケガもその一つです。転んだときに手をつけずに顔を地面に打ちつけてしまう、階段を2段飛び降りただけで骨折する、ドッジボールをしていて顔にボールが当たったときに目を閉じることができず眼球を損傷する、などというケースが増えています。

　独立行政法人日本スポーツ振興センターの調査によると、1985年の小学生の顔のケガの症例数は8万8875件、2008年は10万8079件で、子どもの絶対数が激減しているにもかかわらずケガの症例数は激増しているというデータが示されています。

　子どもたちの体力・運動能力が未発達であるため、自己防衛能力が低下し、信じられないようなケガが増えてきています。本書を一つのきっかけに、普段から意識的に子どもたちと一緒に体を動かしていただきたいと思います。

第4章

たくみさ（巧緻性）を
アップする

\ まるで動物の運動会！ /

アニマルリレー

自分の体を思い通りに動かす練習になります。
真似する動物によって動かす筋肉や関節が異なり、柔軟性や平衡性の向上も
期待できます。

用意するもの **なし** | 人数 **何人でも可** | 所要時間 **1分程度**

・・・・・・・・・・・・・・・・・・・・・・・ やり方 ・・・・・・・・・・・・・・・・・・・・・・・

1

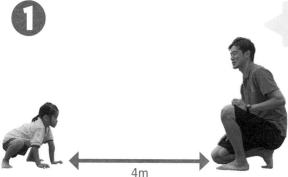

両手、両足をついた姿
勢で準備します（クマ）。

4m

2

クマになりきって一歩ず
つ進み、4m先のパート
ナーをグルっと回って戻
ります。

これができれば 合格 だ！

3種類の生き物になりきって4m先まで行って戻ってきます。最初はクマ、2回目はカエル、3回目はクモの動きで行うことができればクリア！

③

両手を揃えて前に出し、その横まで両足を引きつけます。これを繰り返して進みます（カエル）。

④

腹を上に向けた姿勢で両手、両足で体を支え、手と足を一歩ずつ動かして進みます（クモ）。

運動方法の補足

動きだけでなく、動物の泣き真似をしながらチャレンジしてみましょう（ゲロゲロ、グォグォなど）

ステップアップ

自分の好きな動物の動きを真似て、同じようにチャレンジしてみましょう。

Level
2
難易度
★

\ 動くゴールにシュート！ /

無限フープチャレンジ

相手の位置や距離感など、様々なスポーツで必要な空間認識能力の向上が見込めます。

用意するもの ボール 人数 2人 所要時間 1分程度

.... やり方 ....

1

準備オッケー？

パートナーは体の前で両手をつなぎ、腕で丸いゴールを作ります。

2

スタート！

チャレンジャーはフープ目掛けてボールを投げます（ステージ1：フープ固定）。

これができれば**合格**だ！

パートナーが設定した3つのステージで、シュートを決めることができれば
クリア！

ウィーン、ウィーン

ステージ2：フープが一
定のリズムで左右に動く
中、ゴールを狙います。

成功！ピンポ～ン！

ステージ3：フープが一
定のリズムで上下に動く
中、ゴールを狙います。

運動方法の補足

パートナーはチャレンジャーの
シュートがうまく決まったとき
は「ピンポ～ン！」などの効果
音を出してあげましょう。

ステップアップ

1～3以外にさらに複雑な動き
のあるステージを考えてチャレ
ンジしてみましょう。

4

たくみさ（巧緻性）をアップする

Level

3

難易度
★★

\ 風船は友だち /

バルーンリフティング I

サッカーやバスケットボールなどの球技で必要な、微妙な力加減や、ボールをコントロールする力を養うことができます。

用意するもの 風船 1 個　人数 1 〜 2 人　所要時間 30 秒

.... やり方 ....

①

> 風船を1個準備し、真上に投げ上げます。

②

> 手を使わずに足などで風船をリフティングします。

30秒間、風船を地面に落とさず、リフティングを続けることができればクリア！

風船をしっかり目で追いかけ、自分の体を風船の下へ移動させることが大切です。

ステップアップとして、頭だけで落とさずにクリアできるかチャレンジしてみましょう。

運動方法の補足

手以外であれば、足や頭、肩など体のどこを使ってもOKです。

ステップアップ

頭だけ、足だけでできるかチャレンジしてみましょう。

4

たくみさ（巧緻性）をアップする

Level 4
難易度 ★★

\ できそうでできない3つの関門 /

ボールキャッチ I

ボールを使った運動を繰り返し行うことで、ボールを狙ったところに投げ上げる力や体を思い通りに動かす力が高まります。

| 用意するもの ボール1個 | 人数 1～2人 | 所要時間 1分程度 |

・・・・・・・・・・・・・・・・・・・・・ やり方 ・・・・・・・・・・・・・・・・・・・・・

1

ボールを投げ上げます。

2

ステージ1：ボール投げ
→手拍子→キャッチ

（手拍子）
パン！

82

これができれば**合格**だ！

ステージ1、2、3の内容でボールを落とさずキャッチできればクリア！

ステージ2：ボール投げ
→太ももタッチ→キャッチ

太ももタッチ！

ステージ3：ボール投げ
→手拍子＋太ももタッ
チ→キャッチ

キャッチ！

4

たくみさ（巧緻性）をアップする

運動方法の補足

ステージ1は手拍子1回、ス
テージ2は太ももタッチ1回、
ステージ3は手拍子1回と太も
もタッチ1回を行い、キャッチ
しましょう。

ステップアップ

「ボールを投げ上げ、その場で
グルッと1回回ってキャッチ」
など別バージョンを作ってチャ
レンジしてみましょう。

Level
5
難易度
★★

ジャグリング

ボールを自由自在に操るためには、ボール落下位置の予測や投げ上げる力加減などが必要となります。これは様々なスポーツで応用することができます。

用意するもの ボール3個　人数 1人　所要時間 1分程度

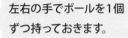

・・・・・・・・・・・・・・・・・・・・・・・・・・・・ やり方 ・・・・・・・・・・・・・・・・・・・・・・・・・・・・

①

左右の手でボールを1個ずつ持っておきます。

②

右手でボールを投げ上げ、その右手で左手のボールを迎えに行きましょう。

2個のボールを使って、3回連続ジャグリングが成功できればクリア！

> 投げ上げたボールを左手でキャッチすることができれば1回成功です。

> ステップアップとして、ボール3個でチャレンジしてみましょう。

4

たくみさ（巧緻性）をアップする

運動方法の補足

ボールを同時に投げ上げてしまうと成功しません。ポイントは、投げた手でボールを迎えに行くということです。

ステップアップ

ボール3個でチャレンジしてみましょう。ポイントは一定のリズムで行うこと、高く上げすぎないことです。

Level

6

難易度
★★

\ 目を閉じていても見えている？ /

考えるな、感じろ

音をしっかりと聞いて、走ることをやめたり、逆に動いたりする力＝危険予知能力は、日常生活で自分の身を守る上でも非常に大切になります。

用意するもの タオル（目隠しできるものであれば何でも OK）
人数 2 人　所要時間 1 分程度

・・・・・・・・・・・・・・・・・・・・・・・・・・・・ やり方 ・・・・・・・・・・・・・・・・・・・・・・・・・・・・

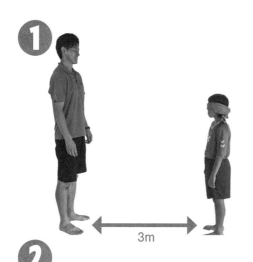

3m

目隠しをして、パートナーと3mほど離れて立ちます。「スタート!」でクマのポーズをとります。

パートナーは一度だけ手を叩き、その音を頼りにチャレンジャーはクマの歩き方で進みます。

86

チャレンジャーはクマさん歩きでパートナーにタッチすることができればクリア！

③

チャレンジャーは、パートナーにタッチすることができればクリアです。

④

ステップアップとして、クマでなく、クモ（P.77参照）で同じようにやってみましょう。

4
た
く
み
さ
（
巧
緻
性
）
を
ア
ッ
プ
す
る

👟 運動方法の補足 👟

チャレンジャーは周りが見えない状態です。ケガをしないよう保護者と一緒に行うようにしてください。

ステップアップ

クマでなく、クモの真似で行ったり、距離を伸ばしてチャレンジしてみましょう。

\ 何度だって起き上がる /

だるま

体の使い方が上手になるのはもちろん、体幹の筋力や平衡感覚を育むこともできる運動です。

用意するもの なし　人数 1人　所要時間 1分程度

.... やり方 ....

1

← →

両足の足裏を合わせ、
左右にゆらゆらと揺れ、
反動をつけておきます。

2

怖がらずにゴロン！

反動をつけた勢いそのままに、体を右側へ倒していきます。

これができれば**合格**だ！

だるまのように転がって、自分が元いた位置に戻ってこれたらクリア！

③

グルン！

体を倒したまま、グルッ
と後ろ側に体を反転さ
せ、上体を起こしていき
ましょう。

④

よいしょ！

うまく上体を起こすこと
ができれば半分成功で
す。同じように行い正面
に戻ってきましょう。

運動方法の補足

最初に何度か左右に揺れて、勢
いをつけて行うようにしてみま
しょう。

ステップアップ

足裏を合わせず、体育座りの姿
勢でチャレンジしてみましょ
う。

\ 頭も体もリフレッシュ！ /

チグハグ

両手と両足、また左右で違う動きを行うと脳が活性化し、体を思い通りに動かせるようになります。

用意するもの なし 人数 1人 所要時間 1分程度

・・・・・・・・・・・・・・・・・・・・・・ やり方 ・・・・・・・・・・・・・・・・・・・・・・

❶❷

まず「きをつけ」の姿勢で立ちます。

❶その場で軽くジャンプし、両手を胸の前で合わせ両足を揃えて着地します。

❷着地時の姿勢からジャンプし、空中で両手を広げ両足を揃えて着地します。

❸❹

❸❷の着地時の姿勢からジャンプし、空中で両手を胸の前で合わせ両足を左右に広げ着地します。

❹❸の着地時の姿勢からジャンプし、両手を左右に広げ両足を揃えて着地します。

これができれば**合格**だ！

①～⑥の一連の動作を1回とし、同じリズムで4回繰り返すことができれば
クリア！

❺❻

> ❺ ❹の着地時の姿勢か
> らジャンプし、両手を
> 胸の前で合わせ両足
> を揃えて着地します。
> ❻ ❺の着地時の姿勢か
> らジャンプし、両手と
> 両足を大きく広げて
> 着地します。

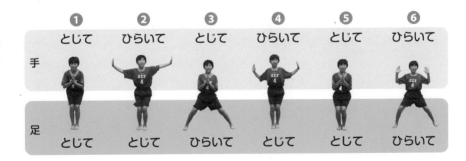

	❶ とじて	❷ ひらいて	❸ とじて	❹ ひらいて	❺ とじて	❻ ひらいて
手						
足	とじて	とじて	ひらいて	とじて	とじて	ひらいて

運動方法の補足

両手は2拍子で、開いて/閉じ
る、両足は3拍子で、閉じて/閉
じて/開く。これを同時に繰り
返すという運動になります。

ステップアップ

手と足のリズムを逆に変えて
チャレンジしてみましょう（手
が3拍子、足が2拍子）。

4

たくみさ（巧緻性）をアップする

91

\ 3・2・1・アクション！ /

Level

9

難易度

★★★

スタントマン

前転を行うスピードが上がると、開脚前転や後転など他のマット運動の技を
習得しやすくなります。

用意するもの 風船 1 個　人数 1 人　所要時間 1 分程度

・・・・・・・・・・・・・・・・・・・・・・・・・・・・ やり方 ・・・・・・・・・・・・・・・・・・・・・・・・・・・・

1

風船を頭上に投げ上げ
ます。

2

その場で前転できるよ
う、両手をついてしゃが
みこみましょう。

これができれば**合格**だ！

風船が地面につく前にキャッチできればクリア！

 ③

すばやくコンパクトに前転を1回行います。

④

風船が地面につく前に風船をキャッチできればクリアです。

🥾 運動方法の補足 🥾

地面が硬いと前転するときにケガをする恐れがあるので、マットなどを敷いて行ってください。

ステップアップ

後転など他の技でチャレンジしてみましょう。

\ 足でやるボール投げ /

えび

体の使い方が上手になることはもちろん、一瞬にして飛び上がる瞬発力が養われます。

用意するもの ボール5個、ゴールライン 人数 1〜3人 所要時間 15秒

・・・・・・・・・・・・・・・・・・・・・・・・・・・・・ やり方 ・・・・・・・・・・・・・・・・・・・・・・・・・・・

①

ゴールラインを引き50cmほど手前にボールを一列に並べておきます

約50cm

②

「スタート」の合図で両足足裏の内側あたりでボールを挟み、真上に飛び上がります。

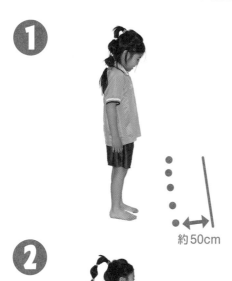

これができれば**合格**だ！

15秒間でボール5個をゴールに移動させることができればクリア！

3

空中でえびのような姿勢をつくり、ボールをゴールラインより奥に飛ばしましょう。

4

ステップアップとして、カゴにシュートするようにすると、さらに難易度が上がります。

4

たくみさ（巧緻性）をアップする

👟 運動方法の補足 👟

飛び上がってボールを前に飛ばそうとする際、後ろに倒れないよう気をつけてください。

ステップアップ

カゴにシュートしてボールを入れるようにするなど、ルールを変えてチャレンジしてみましょう。

Level
11
難易度
★★★★

\ そびえたつ3つの難関 /

ボールキャッチⅡ

体を器用に動かせるようになることはもちろん、すばやく体を動かす力の向上が期待できます。

| 用意するもの ボール1個 | 人数 1～2人 | 所要時間 1分程度 |

・・・・・・・・・・・・・・・・・・・・・・・ やり方 ・・・・・・・・・・・・・・・・・・・・・・・

1

ボールを投げ上げます。

2

太ももタッチ！　　手拍子を1回！　　頭タッチ！

ステージ1：ボール投げ
→太ももタッチ＋手拍
子＋頭タッチ→キャッチ

これができれば**合格**だ！

ステージ1、2、3の内容でボールを落とさずキャッチできればクリア！

3

ステージ2：ボール投げ
→背面キャッチ

4

ステージ3：股の間から
ボールを上に投げ上げ
る→体を起こしてキャッ
チ

運動方法の補足

なかなか成功しないときは、保
護者にスマホなどで動画を撮っ
てもらい、自分の様子を見直し
た上で再チャレンジしてみま
しょう。

ステップアップ

背中側からボールを投げ上げ、
胸の前でキャッチなど別バー
ジョンを考えてチャレンジして
みましょう。

4

たくみさ（巧緻性）をアップする

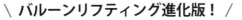
\ バルーンリフティング進化版！ /

バルーンリフティングⅡ

サッカーやバスケットボールなどの球技で必要な、微妙な力加減や、ボールをコントロールする力を養うことができます。

| 用意するもの 風船 1 個 | 人数 1 人 | 所要時間 1 分程度 |

········· やり方 ·········

1

頭！

> 風船を頭上に投げ上げ、まず頭でヘディングしましょう。

2

手！

> ヘディングした風船が地面に落ちてきたら、今度は手で風船を跳ね上げましょう。

これができれば**合格**だ！

決められた順序・体の部位でリフティングを3セット行うことができればクリア！

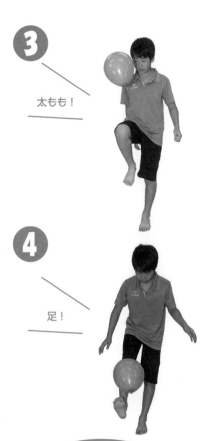

③

太もも！

> 手で跳ね上げた風船を、太ももでリフティング！

④

足！

> 最後は足（つま先や足の甲）で風船を跳ね上げれば1セット完了。これを3セットできればクリアです。

4

たくみさ（巧緻性）をアップする

👟 運動方法の補足 👟

①頭、②手、③太もも、④足、この順序・体の部位で風船をはじいていきます。

ステップアップ

逆の順番でできるか、チャレンジしてみましょう。

99

勉強ができる子は運動もできる、その理由は？

文部科学省が行っている全国の小・中学校を対象とした学力調査と体力調査では、勉強ができる子どもは体力も高いレベルにあることがわかっています。運動、勉強ともにできる子は、規則正しい生活習慣（食事・睡眠・運動）を身につけることができているため、何事においても高いパフォーマンスが発揮できるからだとされています。

それでは、具体的な生活習慣の例を見てみましょう。まずは悪い例です。体を動かさないことで寝つきが悪くなり、夜ふかしをしてしまう。すると、朝起きるのがつらく食欲も湧かず時間もないので、ついつい朝食を食べる量が少なくなったり、食べずに学校へ行ってしまいます。学校では勉強や運動を行いますが朝食がしっかり摂れていないと頭が働かず集中力も下がるため、学習面にも影響が出てしまいます。また、腸が動かず排便しないので体がだるくなり、さらに体を動かしたくなくなってしまいます。夕方頃にやっと元気が出てくるので、夜に眠れなくなってまた夜ふかしをしてしまう。いわゆる負の連鎖が始まってしまいます。

次に、よい生活習慣の例を見てみましょう。体を日中によく動かすことでお腹がすいてご飯をしっかり食べることができます。ほどよい疲れは入眠を促し、早寝早起きにつながります。その結果、朝食をちゃんと食べる時間の余裕も生まれ、朝から集中して勉強や運動に取り組むことができるのです。このように適切な運動時間を確保することで生活習慣が整い、学習効果を高めることにもつながります。

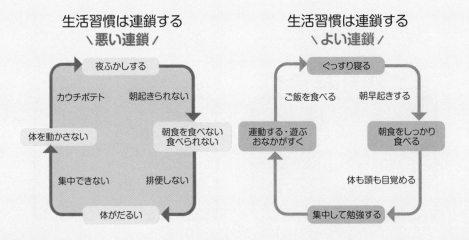

第5章

やわらかさ（柔軟性）を
アップする

Level 1
難易度 ★

\ 日頃の感謝をこめてトントントン /

ありがとうトントン

柔軟性アップ、ストレス解消はもちろん、子どもとスキンシップをとることができ家族円満になります。

| 用意するもの | なし | 人数 | 2 人 | 所要時間 | 5 分×人数 |

・・・・・・・・・・・・・・・・・・・・ やり方 ・・・・・・・・・・・・・・・・・・・・

1

> 両手をグーにして背中をトントン叩き、筋肉をほぐしてあげましょう。

2

> 強さはどうですか?

> 今度は両手を包丁のようにして、太もも裏側をトントン叩いていきましょう。

> もうちょっと強くしてもらっていい?

5分間ずつパートナーと交代しながらマッサージのし合いっこができればクリア！

足のつま先あたりを持って軽く持ち上げ、ふくらはぎをブルブル揺らしてあげましょう。

両手の手首を持ち、真上に軽くひっぱってあげましょう。

5

やわらかさ（柔軟性）をアップする

運動方法の補足

パートナーが気持ちよくなるように、痛くないか、気持ちいい場所はどこか聞きながら行うようにしましょう。

ステップアップ

他のエクササイズで勝った人は、プラス5分間マッサージをしてもらえるなどオリジナルルールを加えてみましょう。

Level
2
難易度
★

\ ガマン対決ではありません /

じゃんけんストレッチⅠ

太ももの内側や股関節周辺の筋肉がやわらかくなる効果があります。

用意するもの なし　人数 2人　所要時間 1分程度

・・・・・・・・・・・・・・・・・・・・・ やり方 ・・・・・・・・・・・・・・・・・・・・・

じゃんけんぽん！

負けた！

2人で向かい合って立ち、じゃんけんをします。

じゃんけんに1回負けるごとに、自分の靴幅1個分(20〜30cm)、足を横に広げます。

104

③

おっとっと

足を開きすぎてバランスを崩してしまった場合は、最初から再チャレンジします。

④

パートナーと息を合わせて、テンポよくじゃんけんしていきましょう。

運動方法の補足

筋肉は痛いところまで伸ばすと逆効果です。じゃんけんに負け続けた場合は、痛気持ちいいくらいで止めて構いません。

ステップアップ

あいこだった場合は、2人とも足を横に広げるようにルールを追加してチャレンジしてみましょう。

Level

3

難易度
★

\ これなら大人に勝てるかも /

じゃんけんストレッチⅡ

股関節まわりの柔軟性と筋力がアップし、かけっこのときのストライド（歩幅）が大きくなったり、ケガを予防する効果が期待できます。

用意するもの なし 人数 2人 所要時間 1分程度

·························· やり方 ··························

1

じゃんけんぽん！

負けた！

2人で向かい合って立ち、じゃんけんをします。

2

じゃんけんに1回負けるごとに、自分の靴幅1個分（20〜30cm）足を縦に広げましょう。

これができれば**合格**だ！

じゃんけんを5回行った後に、まっすぐに姿勢を保ったまま、2人で20秒一緒に数を数えることができればクリア！

3

きゃー、倒れるー

足を開きすぎてバランスを崩してしまった場合は、最初から再チャレンジします。

4

常に前足と後ろ足のつま先、膝は同じ方向（前方）に向くようにしておきましょう。

運動方法の補足

筋肉は痛いところまで伸ばすと逆効果です。じゃんけんに負け続けた場合は、痛気持ちいいくらいで止めて構いません。

ステップアップ

あいこだった場合は、2人とも足を縦に広げるようにルールを追加してチャレンジしてみましょう。

5

やわらかさ（柔軟性）をアップする

\ ニャーン、ウォウォ、気持ちい〜 /

ネコとオットセイ

お腹や腰、肩まわりの筋肉の柔軟性が向上し、血流の流れがよくなるため、気分がすっきりしたり肩こりや腰痛の予防になります。

用意するもの なし　人数 1人　所要時間 1分程度

・・・・・・・・・・・・・・・・・・・・・・ やり方 ・・・・・・・・・・・・・・・・・・・・・・

四つん這いの姿勢になります。

ニャーン

ネコが伸びをするようにお尻を後ろに引いていき、お腹と太ももを近づけていきます。

これができれば**合格**だ！

ネコのポーズを10秒した後、オットセイのポーズを10秒することで1セットです。これを3セット行うことができればクリア！

3 ウォウォ

オットセイの真似をするように、太ももの前側を床につけて両肘を伸ばします。

4

ステップアップとして、他の動物でストレッチ効果（筋肉が伸びて気持ちいい）のあるポーズを見つけてやってみましょう（写真はキリン）。

👟 運動方法の補足 👟

息を止めて行わないためにも、ニャーン、ウォウォなどと鳴き真似をしながら行いましょう。

ステップアップ

他の動物の真似で、ストレッチになるものがないか考えてみましょう。

5

やわらかさ（柔軟性）をアップする

109

\ え？　こんなにやわらかくなるとは！ /

ジャックナイフ
ストレッチ

太ももの裏側がやわらかくなる運動です。即効性が高く、ビックリするほど
体がやわらかくなったことを体感できます。

用意するもの なし　人数 1人　所要時間 1分程度

······························ **やり方** ·····························

まずは両足を伸ばし、
どこまで手が届くか（長
座体前屈）、自分の体の
やわらかさをチェックし
てみましょう。

その場でしゃがみこみ、
両手で後ろから足首を
持ちましょう。

これができれば**合格**だ！

お尻を上げて10秒止まりしゃがむ、という一連の動作で1セットとカウントし、これを3セット正しく行うことができればクリア！

③

お腹と太もも前側をくっつけたままお尻をゆっくり上げていき、太もも裏が伸びてきたら10秒止まります。

④

×ダメな例

太ももとお腹が離れてしまっている

お腹と太ももが離れないように気をつけます。体が硬い人は膝を伸ばしきらなくても構いません。

👟 運動方法の補足 👟

腰痛がある人は、かかりつけのお医者さんに相談した上で実施するようにしてください。

ステップアップ

ストレッチは毎日行うことがとても大切です。定期的に長座体前屈を行い、どこまでやわらかくなったか調べるようにしましょう。

5

やわらかさ（柔軟性）をアップする

Level
6
難易度
★★

\ 2人で行うストレッチの基本 /

きみ、たのむよ

太もも前側の筋肉がやわらかくなるため、膝痛の予防になります。またバランス力アップにもつながります。

| 用意するもの なし | 人数 2人 | 所要時間 1分程度 |

································ やり方 ································

> 2人で向かい合って立ち、右手を伸ばしお互いの肩に手を当てておきます。

> 左手で自分の左足の甲を持って、太もも前側の筋肉を伸ばしていきましょう。

112

両足ともバランスを崩さずに20秒間ずつストレッチすることができればクリア！

③

バランスを崩してしまう場合は、お腹に力を入れて体幹を安定させるようにしましょう。

④

ステップアップとして、足を前後に大きくスイングする股関節のストレッチもやってみましょう。

運動方法の補足

相手の肩に置いている手に力が入りすぎるとバランスを崩しやすいので、軽く触れる程度の気持ちでやりましょう。

ステップアップ

相手に近いほうの足を前後に大きくスイングする、難易度高めのブンブンストレッチにもチャレンジしてみましょう。

5

やわらかさ（柔軟性）をアップする

\ いつもの運動も一緒にやると楽しいね /

シンクロ

太もも裏側や股関節まわりの筋肉がやわらかくなるので、様々なスポーツや運動のパフォーマンスアップにつながります。

用意するもの なし 人数 2人 所要時間 1分程度

.... やり方 ....

手をつないでしゃがみ、お互い片方の足を伸ばしておきます。

反対側の足を伸ばすよ

倒れないように、パートナーと息を合わせて反対側へゆっくり移動していきます。

これができれば合格だ！

2人でバランスを崩さず、右へ左へと10回移動することができればクリア！

3

けっこうキツイ

股関節周辺の筋肉が硬い人は最初大変かもしれませんが、徐々にスムーズにできるようになるので頑張ってください。

4

できれば、伸ばしている足のつま先を上に向けるよう意識してやってみましょう。

つま先ピーン

運動方法の補足

2人のテンポを同じにしないとバランスを崩してしまうので、声を出して数を数えながら行ってみてください。

ステップアップ

一定のテンポで行うのでなく、「いち、にい、さ～ん」といった感じでテンポを変えてチャレンジしてみましょう。

5

やわらかさ（柔軟性）をアップする

\ 低い姿勢で背後から忍びよる /

リザード

股関節の動きがスムーズになることで、ダイナミックな動きができるようになります。

用意するもの なし　人数 1人　所要時間 1分程度

・・・・・・・・・・・・・・・・・・・・・・ やり方 ・・・・・・・・・・・・・・・・・・・・・・

❶

両手、両足を地面につき四つん這いの姿勢をとっておきます。

❷

右手と左足を同時に大きく一歩前に出します。

トカゲになりきって10歩進むことができればクリア！

③

今度は左手と右足を同時に大きく一歩前に出しましょう。

肘と膝がくっつくぐらい
しっかりと曲げる

④

背後から獲物を狙っているトカゲ（リザード）のように前進できるかやってみましょう。

5
やわらかさ（柔軟性）をアップする

運動方法の補足

後ろに下がっているほうの腕の真横に足がくるよう、足はしっかり前に踏み出すようにしましょう。

ステップアップ

前でなく後ろに進んでできるか、チャレンジしてみましょう。

\ アシンメトリー（左右非対称）は難しい /

ショルダー
ローテーション

肩まわりの動きがスムーズになることで、かけっこのときの腕振りがダイナミックになります。左右非対称の動きは頭の体操となるため、脳がすっきりリフレッシュする効果があります。

| 用意するもの なし | 人数 1人 | 所要時間 1分程度 |

·········· **やり方** ··········

両手を肩に置いておきます。

右手は前回り、左手は後ろ回りに連続で動かします。

これができれば**合格**だ！

左右非対称に10回肩回しをすることができればクリア！

③

次に右肩を後ろ回り、左肩は前回りに連続で動かします。

④

ステップアップとして、両手を伸ばした状態で同じようにできるかチャレンジしましょう。

5

やわらかさ（柔軟性）をアップする

運動方法の補足

自分はできていると思っていても、できていないことが多々あります。自分で鏡を見ながらやってみましょう。

ステップアップ

両手を伸ばした状態で、同じようにできるかチャレンジしましょう。

Level

10

難易度
★★★

\ やっぱりなんでも基本が大事 /

バックランジ

股関節の動きがスムーズになったり、バランス力が向上する効果が見込めます。

用意するもの なし 人数 1人 所要時間 1分程度

········· やり方 ·········

左足を上げ、大きく一歩後ろに踏み出し、その場で5秒止まります。

❷

次に右足を上げ、同じように大きく一歩後ろに踏み出し、5秒止まりましょう。

これができれば**合格**だ！

バランスを崩さずに（地面に手がついたりせずに）10歩後ろに進むことができればクリア！

3

①と②の動きを繰り返し、10歩後ろに進むことができるかやってみましょう。

4

バランスを崩して倒れてしまう人も、繰り返し練習すればできるようになるので頑張ってください。

運動方法の補足

バランスを崩さないように意識しすぎると動きが小さくなります。失敗してもいいので大きな一歩となるよう心がけましょう。

ステップアップ

両手を真上に伸ばした状態で、バックランジできるかチャレンジしてみましょう。

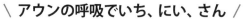

\ アウンの呼吸でいち、にい、さん /

Level
11
難易度
★★★

リズミックランジ

股関節まわりがやわらかくなるだけでなく、リズム感やバランス感覚も養うことができます。

| 用意するもの | なし | 人数 | 2人 | 所要時間 | 1分程度 |

.... やり方 ....

①

左足を軸にその場で1回片足ジャンプ。着地の寸前に右足を前に出し、そのまま上げておきます。

②

左足で2回目のジャンプをします。着地の寸前に、前に伸ばしていた右足を大きく後ろに引きます。

③

> 左足で3回目のジャンプをします。着地の寸前に後ろに引いていた右足を大きく前に出し、両足同時に着地します。

④

> 次は右足を軸にして、左足を前に、後ろにと、同じ動きをリズミカルに行っていきましょう。

運動方法の補足

2人でタイミングを合わせるためにも「前、後ろ、前！」と一緒に声を出してやってみましょう。

ステップアップ

「前、後ろ、前」でなく、反対に「後ろ、前、後ろ」でチャレンジしてみましょう。

Level
12
難易度
★★★★

靴のせグルリン

股関節のやわらかさが試される運動です。
ダイナミックに動けるようになり、カッコいい走りにつながります。

用意するもの 靴片方　　人数 1人　　所要時間 1分程度

・・・・・・・・・・・・・・・・・・・・・ やり方 ・・・・・・・・・・・・・・・・・・・・・

1

> 仰向けで横になり、右足を天井方向に上げ、足の裏に靴をのせます。

2

> 足の裏にのせている靴が落ちないように、体を左にひねっていきます。

❸

うつ伏せになったときに、靴が足裏から落ちていなければチャレンジ成功。

❹

足の裏が地面と平行を維持できているか、パートナーに確認してもらいましょう。

運動方法の補足

股関節が硬い人にとっては至難の技です。Level3「じゃんけんストレッチ」やLevel7「シンクロ」などを毎日行って再チャレンジしましょう。

ステップアップ

うつ伏せの姿勢から、再度仰向けの姿勢に戻ってこられるかやってみましょう。

体も心もほぐれるストレッチ

　皆さんは長座体前屈をして、つま先を触ることができますか？

　長座体前屈とは、足を伸ばして座り（長座）、膝を曲げずに両手を前に伸ばしていく、体のやわらかさを調べる体力テストのことです。

　私は日々子どもたちに運動指導を行う中で、本当に体の硬い子が多いと感じています。体が硬いとケガをしやすくなることは皆さんもご存知だと思いますが、ほかにもいろいろな弊害が起こる可能性があります。

　その一つが、姿勢の悪さにつながることです。長座体前屈は太もも裏やお尻の柔軟性を調べるテストで、これができない子は太もも裏やお尻が硬いということです。太もも裏やお尻が硬いと骨盤が下に引っ張られて後傾し、猫背になりやすくなります。猫背になると、腰痛や肩こりが起こりやすくなります。そのために集中力が低下し、勉強にも悪影響を及ぼす可能性が生じます。

　また、今は大丈夫でも、小学校高学年から中学生頃の成長期に、子どもが膝やカカトの成長痛で苦しむ可能性が高まります。成長期にはまず骨が成長し、筋肉がそれを追いかけるように作られていくのですが、筋肉が硬いとそれに骨が引っ張られてしまい痛みが出やすくなるのです。

　では、体をやわらかくするためにはどうすればよいのでしょう？　それはやはり、普段の生活の中でストレッチやマッサージを意識的に行うことが大切です。お風呂上がりなど体が温まっている状態のときに、第5章のレベル1「ありがとうトントン」やレベル5「ジャックナイフストレッチ」などに取り組んでみてください。習慣にすることは簡単ではありませんが、続けていると腰痛や猫背が改善するなど必ず効果を体感できるようになります。2人1組でやればお子さんと保護者の方のスキンシップもとれ、心もほぐれて一石二鳥です。

第6章

かけっこ、ボール投げが
得意になる

かけっこが速くなる ためのポイント

カッコいい走り方ができるようになると、進み方の効率がよくなるので、スピードアップにつながります。どういった走り方がカッコいいのか見ていきましょう。

指導者はここを見ている

力強く地面をキックし、前方にスムーズに進んでいるかをチェックします。

①太もも

太ももがよく上がっているかどうかチェックします。

②膝

地面をキックしている足の膝は十分に伸展しているかどうかチェックします。

③腕

肘が適度に曲がり、前後に大きく振れているかどうかチェックします。

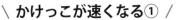

うぉ〜‼

全力疾走したときのような心地よい疲労感を、狭いスペースで味わうことができます。

| 用意するもの 目印となるアイテム（なくても可） | 人数 2人 | 所要時間 20秒 |

.... やり方 ....

1

パートナーに後ろから腰のあたりを持ってもらいます。

2

「スタート」の合図で、体を一直線に保ったまま、地面を蹴って前に進みましょう。

20秒以内に目標地点まで辿りつけるかやってみましょう。

年齢の小さな子でもできて、かけっこの導入遊びとなる楽しい運動です。

運動方法の補足

体が「くの字」に折れ曲がらず、一直線の姿勢を保ちつつ地面を蹴って前に進めるよう意識しましょう。

ステップアップ

手の代わりに長めのタオル（バスタオル）を後ろから腰に回して、再チャレンジしてみましょう。

6

かけっこ、ボール投げが得意になる

食べ物ダッシュ

反射スピードが上がり、かけっこのときにロケットスタートを切ることができるようになります。

用意するもの 目印となるアイテム（なくても可） 人数 3～5人 所要時間 1分程度

······················· やり方 ·······················

1

カエル！
カマキリ！

チャレンジャーたちは並んで座り、パートナーは好きな単語を適当に言っていきます。

2

食べ物だ！

かまぼこ！

パートナーが、「焼肉」や「ラーメン」など"食べ物"の単語を言った瞬間、急いで立ち上がります。

ゴール地点にいち早くたどりつけた人が勝者です。

ステップアップとして、うつ伏せなどいろんなスタート姿勢からチャレンジしてみましょう。

👟 運動方法の補足 👟

パートナーは最初から食べ物の単語を言わず「かまきり」「かえる」など、生き物などの単語をひっかけで言ってみましょう。

ステップアップ

うつ伏せや長座、天井を見ながら寝ておくなど、いろいろなスタート姿勢からチャレンジしてみましょう。

6

かけっこ、ボール投げが得意になる

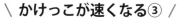

ケンケンじゃんけんリレー

かけっこが苦手な子でも足の速い子に勝つことができるので、かけっこに対する苦手意識を払拭できます。

| 用意するもの なし | 人数 4人以上 | 所要時間 3分程度 |

·········· **やり方** ··········

①

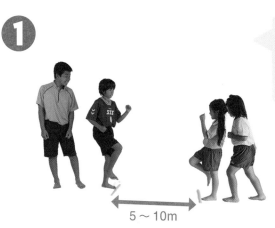

5〜10m程度離れて2チームに分かれておき、最初の人は片足で立っておきます。

5 〜 10m

②

「スタート」の合図で、ケンケンでなるべく早く相手チームの陣地に向かって進んでいきます。

じゃんけんで勝ち進み、相手陣地にいち早く到達することができればクリア！

③

じゃんけんぽん！勝った！

負けた！

相手チームのメンバーと鉢合わせたところでじゃんけんします。

④

2番目スタート！

勝った人はさらに進み、負けたチームの2番目の人はすぐさまスタートします。

運動方法の補足

③と④を繰り返して、相手チームの陣地に到達できたチームの勝ちです。

ステップアップ

スキップやギャロップステップ、普通に走るなど、ケンケン以外の走り方でもチャレンジしてみましょう。

6

かけっこ、ボール投げが得意になる

**ボール投げがうまくなる
ためのポイント**

手だけでなく体全体を使ってボールに力を伝えることができているか。投げきるまでの一連の動きの中で、そのポイントを見ていきましょう。

指導者はここを見ている

全身を使って力強くボールを投げられているかチェックします。

●上半身
上半身をひねって、投げるほうの腕を後方に引いているかどうかチェックします。

●体重移動
軸足からステップ足(投げる腕と反対側の足)に体重が移動しているかチェックします。

うまくできない子の投げ方

　ボール投げがうまくできない場合、次のような体の使い方をしているケースがあります。

　正しく投げられているかどうか、チェックしてあげましょう。

> ●**うまくできていない子の例**
> ・両足を揃えていたり、投げる腕と同じ側の足を踏み出したりしている。
> ・上半身のひねりがほとんどなく、手だけで投げている。
> ・両足とも地面についたままで、体重の移動が見られない。

●**前に出す足**
ステップ足(投げる腕と反対側の足)が前に出ているかチェックします。

●**腕**
ムチのように腕を振っているかチェックします。

\ ボール投げがうまくなる① /

紙てっぽう

何度も楽しく投げる動きを経験することができる、投動作の導入となる運動遊びです。

| 用意するもの A3 サイズの紙 1 枚 | 人数 1 人 | 所要時間 5 分程度 |

・・・・・・・・・・・・・・・・・・・・・・・・・・・ やり方 ・・・・・・・・・・・・・・・・・・・・・・・・・・・

1 ●紙てっぽうの作り方

① 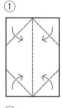 ② ③ ④

⑤
開いてつぶす

⑥
反対側も同様
に折る

⑦

⑧
ここを持って
振り下ろす

2

完成した紙てっぽうで
音鳴らしにチャレンジで
す。

③

> 大きな音が出せるように、投げるほうの腕をしっかり後ろに引いて行ってみてください。

④

> より大きな音を鳴らしたほうが勝ちなど、オリジナルルールを作って行ってみましょう。

🏃 運動方法の補足 🏃

ただ速く腕を動かすだけではうまく音が鳴りません。腕を振り下ろすときに手首のスナップを使って行うようにしましょう。

ステップアップ

いろんな大きさの紙てっぽうを作ってチャレンジしてみましょう。

6

かけっこ、ボール投げが得意になる

139

\ ボール投げがうまくなる② /

ラップ芯シュート

投げる動きをカッコいいフォームで行うための、楽しい導入となる運動です。

用意するもの ラップの芯、ゴムひも 5m 程度 　人数 2 人以上 　所要時間 3 分程度

・・・・・・・・・・・・・・・・・・・・・・ やり方 ・・・・・・・・・・・・・・・・・・・・・・

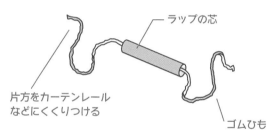

ラップの芯

片方をカーテンレール
などにくくりつける

ゴムひも

> ラップの芯にゴムひもを
> 通したものを用意し、ゴ
> ムひもの片方をカーテ
> ンレールなどにくくりつ
> けます。

> 投げるほうの腕を後ろ
> に引き、その腕と反対と
> なる足を大きく一歩前に
> 出しておきます。

これができれば**合格**だ！

保護者とあらかじめ決めた目標の場所まで、ラップ芯を5回飛ばすことができればクリア！

3

ゴムひもが伸びている方向に沿ってラップ芯を飛ばします。

4

手だけで投げると遠くへ飛ばないので、体全身を大きく使って投げられるようになりましょう。

👟 運動方法の補足 👟

斜め上（30〜45度程度）にゴムひもを設置できれば、自然とカッコいいフォームで投げる練習ができます。

ステップアップ

利き手ではないほうの腕でもクリアできるかチャレンジしてみましょう。

6

かけっこ、ボール投げが得意になる

Level

3

難易度
★

\ ボール投げがうまくなる③ /

モンスターを倒せ

投げることが苦手な子でも楽しんで取り組むことができるため、運動への苦手意識を払拭するきっかけになります。

用意するもの ボール5個程度、的となるもの　人数 2人以上　所要時間 5分程度

・・・・・・・・・・・・・・・・・・・・・・・・・・・・・ やり方 ・・・・・・・・・・・・・・・・・・・・・・・・・・・・・

1

的を吊すなどして準備し、チャレンジャーは少し離れたところ(3〜10m)に立ちます

2

どの的に当てるか狙いを定め、ボール(新聞紙を丸めたものなどでもよい)を投げていきます。

これができれば**合格**だ！

制限時間5分以内にモンスターを5体倒す（ボールを当てる）ことができればクリア！

3

当たった！
ピンポン！

うまくボールが的に当たったら、パートナーは「ピンポン」などと効果音を出してあげましょう。

4

次はどれ狙う？

保護者は最初からうまく投げさせようとせず、まず子どもが楽しめるよう声かけしてあげください。

運動方法の補足

的の位置は子どもの背丈より30cm～1m程度高いのが理想です。カーテンレールなどにくくりつけてみてください。

ステップアップ

吊るすタイプの的ではなく、ペットボトルなどを机の上に置いておき、座って投げる形式などでもチャレンジしてみましょう。

著者プロフィール

安部たけのり（あべ　たけのり）

一般社団法人香川県運動推進協会代表理事。たけのこ体育教室代表。
天理大学体育学部卒（体育学学士）。香川大学大学院教育学研究科保健体育
分野在籍中（教育学修士課程）。
1985年生まれ。大学時代は保健体育教員の勉強をしながら、体育の家庭教
師として活動。卒業後、香川県立丸亀競技場の職員として、キッズ向け体育
教室の開設や運営業務に従事。2013年、香川県運動推進協会、運動が得意
でない子のための運動教室「たけのこ体育教室」を設立し独立。これまでに
3,000名以上の子どもたちを指導する。2017年には、自身が行ってきた運動
プログラムを体系化するため国立大学法人香川大学大学院に進学。子ども
がゲームに夢中になる要素を運動プログラムに応用することで運動効果が
高まるのではないかという仮説に基づき、「子どもが夢中になる運動プログ
ラム」を研究開発している。
子どもの体力向上につながる運動遊びを紹介するコーナー『運動大好き！』
（四国新聞こどもニュース＆スポーツ）連載、『幼児期の運動遊びと子どもの
育ち』（美巧社）分担執筆。保有資格は、健康運動指導士、日本スポーツ協会
公認陸上競技指導員、全米エクササイズ＆フィットネス協会（NESTA）公認
キッズコーディネーショントレーナーなど。

「運動できない」を「できる！」に
変えるキッズエクササイズ

発行日	2020年 11月 3日	第1版第1刷
	2023年 6月20日	第1版第3刷

著　者　安部　たけのり

発行者　斉藤　和邦
発行所　株式会社　秀和システム
　　　　〒135-0016
　　　　東京都江東区東陽2-4-2　新宮ビル2F
　　　　Tel 03-6264-3105（販売）Fax 03-6264-3094
印刷所　三松堂印刷株式会社　　　　Printed in Japan

ISBN978-4-7980-6274-7 C2075